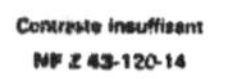

Contraste insuffisant
NF Z 43-120-14

Illisibilité partielle

Couvertures supérieure et inférieure
manquantes

Valable pour tout ou partie
du document reproduit

LA
JURIDICTION CONSULAIRE

DE LORRAINE ET BARROIS

ET LA

CONFRÉRIE DES MARCHANDS DE NANCY

PAR M. HENRI LEPAGE.

—

I.

Parmi les institutions que possédait la Lorraine, il en est une pour laquelle elle avait devancé de plus d'un siècle presque toutes les autres provinces : nous voulons parler de sa Justice ou Juridiction consulaire, dont le Tribunal de commerce actuel n'est que la continuation.

Cette institution, dont l'établissement remonte à l'année 1341, semble même avoir précédé la Conservation de Lyon, qui est indiquée, mais sans précision de date, comme seulement antérieure à 1349. Les autres créations du même genre, dans des villes françaises, n'eurent pas lieu avant les XVIe, XVIIe et XVIIIe siècles. C'est, du moins, ce que nous apprend la table alphabétique de toutes les Juridictions consulaires du royaume, qui clôt le commentaire de Jousse sur les ordonnances de 1669 et 1675. On y trouve l'indication suivante : « Nancy, » et avant à Saint-Nicolas (en 1340, confirmé en 1377, » 1399, 1564, 1571, 1597, 1604, 1613, 1626 et 1707), du » Parlement de Nancy ».

L'indication qui précède n'est pas rigoureusement exacte en ce qui concerne le lieu où fut primitivement établie notre Juridiction consulaire, et il semble que Nancy peut disputer cet honneur à Saint-Nicolas. On en jugera par les documents que nous allons analyser ou reproduire. Quelques-uns sont consignés, non sans de légères erreurs, dans un recueil imprimé au siècle dernier[1], mais que peu de personnes ont eu la curiosité de lire ; les autres se trouvent dans les papiers de la collégiale Saint-Georges et de la Primatiale, qui forment un des fonds les plus riches de nos Archives départementales.

II.

En 1339, le duc Raoul ayant fondé, dans les dépendances de son palais, une collégiale sous le vocable de saint Georges, les merciers ou marchands de Nancy, Saint-Nicolas et Rosières, y établirent une confrérie « en l'honneur et remembrance » du même saint.

A cette époque, Nancy avait déjà une foire qui se tenait, comme de nos jours, au mois de mai, et amenait

1. Ordonnances, statuts, privileges et reglemens accordez par les ducs de Lorraine aux marchands juges consuls dudit duché. A Nancy, de l'Imprimerie d'ABEL-DENYS CUSSON, Imprimeur-Libraire sur la Place, au Nom de JESUS. M. DCCXLIII.

dans la capitale beaucoup de marchands étrangers ; Saint-Nicolas, qui possédait un port sur la Meurthe, et où la relique de son patron attirait une grande affluence de pèlerins, était le centre d'un commerce considérable ; Rosières, enfin, jouissait d'une certaine importance, grâce aux salines qui y existaient depuis longtemps.

Les marchands de ces villes et les autres qui habitaient la Lorraine, demandèrent au duc de vouloir bien agréer l'association qu'ils avaient formée entre eux ; ce qu'il fit par lettres datées du « mardi après la fête saint Vincent le martyr », au mois de janvier 1340, c'est-à-dire 1341, suivant notre manière de compter.

D'après les statuts qu'ils s'étaient donnés, les membres de la confrérie s'engageaient à présenter chaque année, au chapitre de Saint-Georges, le troisième jour de la foire de Nancy, par les mains de celui qui aurait pris le bâton, c'est-à-dire l'insigne de la royauté, un cierge du poids de deux quartes de cire, pour en faire don à cette église. Ils s'engageaient, en outre, à obéir à celui qui aurait été reçu comme roi[1], selon le droit et les points qui appartenaient et devaient appartenir au métier.

Ces « points » ou règlements forment une série d'articles, dont nous allons essayer de donner la substance[2] :

S'il arrive qu'aucun mercier aille contre le métier, le

1. On verra plus loin qu'il était élu par ses confrères, et que cette élection avait lieu devant le chapitre de Saint-Georges.

2. Voici la copie textuelle de la charte du duc Raoul, afin que l'on puisse la rapprocher de notre traduction. Celle qui en est donnée dans le recueil cité plus haut, renferme des erreurs qui dénaturent le sens de plusieurs articles :

« Nous Raoulz, dus de Loherenne et marchis, faisons savoir à maître peut le condamner, par son jugement et celui de ses compagnons, et il peut défendre à tous les autres que nul ne lui achète et ne lui vende et ne lui fasse récréation ni compagnie. Il ne peut être rappelé dans la confrérie que par le rappel du maître, et il doit payer l'amende de sa méfaction d'après l'avis des quatre qui seront élus de

tous que, comme nos merciers de Nancey, de Port et de Rozières, et tuit aultre mercier habitans en nostre terre et pooir, et espéciaulment ès foires de nostre ville de Nancey, aient fait et estaubli en l'onour et en la remembrance de monsieur sainct George et ausi pour avancier et amendeir les foires de ladicte ville de Nancey, une confrarie, chascun an, entre eaulz ensemble, li queil doient chascun an représenteir en l'englize le dit monsieur sainct George, ès chanoines de Nancey, le tiers jour de la foire qu'est à Nancey on moix de may, celui qui lou baston monsieur sainct George averoit pris, à tout un cierge de dous quartes de cire pour offerre à ladicte englize, sens autre somme devisée, sauf ce que maistres Jehans de Mairon, li merciers, demorans à Cintrey, premiers rois de ladicte confrairie, ait promis à doneir et à offerre de sa propre et franche voluntei, en ladicte englize des dis chanoines, un cierge de sept livres de cire ; la queille confrairie nous avons lowei et agréei, loons et aggréons aus dis compagnons merciers pour l'onour dou ditt monsieur sainct George et ausi pour tant que nos dictes foires de Nancey en soient muelz avanciées et amendées. Et volons et commandons dès maintenant que tuit li dit mercier qui seront confreres de ladicte confrarie et tuit aultre mercier habitans en nos dictes foires et en nos marchiés, soient obéissant à celui qui lou baston ledit monsieur sainct George averoit pris et receu comme rois, celonc le droit et les poins qui à lour mestier appartiennent et doient appartenir.

» Et sunt li drois et li poins dou dit mestier deilz dis merciers teilz comme ci desous sunt escrips et deviseis selonc cui que li dit mercier dient : c'est assavoir car (que) cil avenoit que aucuns merciers alat contre lou mestier, li maistres dou mestier le puet condempneir par lui et par ses compagnons, et puent commandeir et deffendre à tous les autres compagnons que nulz n'achatissent ne ne vendissent à lui et qu'il ne li facent solas ne compagnie ; ne ne puet estre rappelleis jusques au rapeil dou dit maistre ; et ne doit amendeir la maffection selonc ceu qu'il averoit meffait au reward des quatre qui seroient es-

Nancy et de Port. Et autant en peut faire le lieutenant si le maître est absent.

Le maître peut aussi prendre tous faux poids, toutes fausses balances et toutes fausses denrées pour justicier celui qui en aurait usé, suivant l'avis des quatre élus de Nancy et de Port.

Si un mercier vit avec une autre femme que la sienne, le maître peut le contraindre à la quitter.

Le maître peut corriger et accorder ceux entre lesquels il y aurait des contestations ou des querelles.

S'il arrive que, pour une chose appartenant au métier, un mercier traduise un de ses compagnons devant une autre justice que devant le maître du métier, celui-ci, par lui et par les quatre élus, peut condamner celui qui l'aura fait, et ce dernier ne pourra être rappelé qu'après qu'il aura indemnisé le compagnon qu'il aura mis en dommage, et payé l'amende.

leus de Nancey, de Port, et aultretant en puet faire li lieutenans au maistre si li maistre n'estoit présens au leu.

« Encor puet li maistres panre tous faus pois et toutes fauces balances et toutes fauces danrées pour le justicier au reward des quatre esleus de Nancey et de Port.

« Et li merciers qui moinrait aultre femme que la soie, li maistres l'en puet constraindre et faire départir.

« Et saucuns merciers y avoit qui baten faissent li uns à l'autre ou feissent hutin, li maistres les en puet corrigier et les en puet acourdeir.

« Et c'il y avoit aucun mercier qui contrengnet aucun compagnon mercier de chouze qui audit mestier appartenroit et pouroit appartenir par davant aultre justice que par devant lou maistre dou mestier, soient clers, soient lays, pour tant que merciers soient, li maistres dou mestiers, par lui et par les quatre dessus dis, puet condempneir celui qui ceu ferat, et ne puet estre rapelleis jusques à tant qu'il averoit descostengiei celui cui il averoit mis en damaige, et fait l'amende.

« Et ne puet on faire noveil mercier c'il ne paie soxante soulz de

Nul ne peut être admis au nombre des merciers s'il ne paie 60 sous de forts, la moitié à l'église Saint-Georges, l'autre moitié aux compagnons, et s'il ne paie de la cire pour ladite église Saint-Georges, à moins qu'on ne veuille lui en faire grâce.

Si un homme n'étant pas du métier prend pour femme la fille d'un mercier, il ne paiera que la moitié des 60 sous, s'il veut entrer dans le métier. Et le mercier qui prendra une femme qui ne sera fille de mercier, en sera quitte pour cinq sous de forts pour sa « tartre ».

Quand Dieu fait sa volonté d'un mercier, ainsi comme d'aller de vie à mort, ses plus prochains héritiers reviennent à son étal et à sa place où que ce soit.

Et si plusieurs merciers viennent aux foires de Nancy, on leur doit donner une place, et ils doivent être tous ensemble.

Le maître des merciers est et doit être quitte des droits de vente.

fors, la moitié à l'englize de sainct George et l'auire moitié aus compagnons merciers, et ausi c'il ne paie de la cire pour l'englize lou dit monsieur sainct George de Nancey, se autre grâce ne l'en welt on faire.

» Encor est assavoir que si uns hons qui ne seroit merciers prenoit à femme la fille d'un mercier, il est quites pour la moitié de la somme des soxante soulz de fors dessus dis pour tant qu'il vousit devenir merciers. Et li merciers qui panroit uue femme qui ne seroit mie fille de mercier, il est quites pour cine soulz de fors pour sa tartre.

» Et quant Deus fait sa voluntei d'un mercier, ensi comme d'aleir de vie à mort, ses plus prochiens hoirs revient à son estaul et à sa place où que ceu soit.

» Et se plusours merciers acroissent en nos foires, on lour doit delivrer place, et doient estre tuit ensemble.

» Li maistre des merciers est et doit estre quite de la vante (des droits de vente).

De tous profits que le roi des merciers du duché de Lorraine lèvera et qui écherront, soit pour amendes ou réception de nouveaux merciers, ou de toute autre manière que ce soit, la moitié en doit venir au trésorier de l'église Saint-Georges, et celui qui sera roi en doit rendre compte chaque année ; l'autre moitié appartiendra aux compagnons merciers.

Tels sont les règlements qui servirent de base à l'organisation de la Juridiction consulaire de Lorraine. Ils sont, à peu de chose près, semblables à ceux des corporations ouvrières qui se formèrent au xive siècle ou postérieurement à cette époque ; mais ils ont plus d'importance parce qu'ils s'appliquent, non pas seulement à un corps d'état d'une ville, mais à tout le commerce du

« Et est assavoir que de tous profis que li roys des merciers de nostre terre leveroit et qui eschoiroient, soit pour amendes ou pour noveilz merciers fais, ou en aultre maniere queille que elle soit, li moitié en doit venir et estre au trésorier de ladicte englize de Saint George, et en doit chascun an respondre cilz qui roys seroit pour le temps, et li aultre moitié aus compagnons merciers.

« Et pour muelz tenir toutes les chouzes dessus dictes et dou faire tenir bien et loiaulment par toute nostre terre et pooir, sans aleir ne faire aleir de riens contre, par nous ne par aultres, nous volons et commandons dès maintenant à tous nos officiers, baillis, prévos, maiours et sergens ; en queilque leu qu'il soient, que toute les fois qu'il serunt requis, ou li uns d'aulz, du roy de la dicte confrarie qui pour le temps serat, et des compagnons merciers, contrègnent ou facent contrendre celui ou ce...ulz qui contre les chouzes dessus dictes, escriptes et devisées, iroient en tout ou en partie par queilque manière qu'aleir y saroient que sunt selonc lour mestier. En tesmognage de véritel de toutes les chouzes dessus dictes, et pour ceu que fermes soient et estaubles, nous avons fait saielleir ces présentes de notre saiel pendant ; qui furent faites l'an de grâce Nostre Signour mil trois cens et quarante, le mardi après la feste sainct Vincent le martir, ou móix de janvier. »

duché. En effet, la dénomination de merciers, employée dans la charte du duc Raoul, désigne ceux qui se livraient à une branche quelconque de commerce, c'est-à-dire aux marchands de toute sorte, dont le nombre devait être déjà considérable.

Le mot *confrérie*, dont on se sert pour indiquer l'association des merciers, ne doit pas non plus être pris à la lettre : il signifie l'agrégation des individus professant le même genre d'industrie, reconnaissant le même saint pour patron, obéissant à des statuts rédigés par eux-mêmes pour régler l'exercice de leur profession. L'élément religieux, si l'on peut s'exprimer ainsi, a une certaine part dans ces statuts, mais il n'en forme pas les dispositions essentielles, lesquelles ont un caractère purement civil et font comme une sorte de code judiciaire commercial, qui peut se résumer ainsi :

Le corps des marchands élit dans son sein un chef qui prend le titre de roi, et auquel tous doivent obéissance. Il est remplacé, au besoin, par son lieutenant, et assisté par quatre membres du corps, élus parmi ceux de Nancy et de Saint-Nicolas.

A part le lieutenant, nous retrouvons, dans cette organisation, celle de nos tribunaux de commerce actuels, savoir : un président et quatre juges titulaires, également désignés par la voie de l'élection.

Sous certains rapports, les attributions sont les mêmes, c'est-à-dire qu'à ce tribunal seul appartient le jugement des contestations relatives à des affaires commerciales.

Le progrès fit disparaître les entraves qui s'opposaient à l'exercice du métier sans le paiement de ce qu'on appelait le droit de *han* ou d'entrée dans la corporation ; mais, jusqu'à la fin du siècle dernier, les marchands restèrent soumis à l'obligation de rendre leurs comptes devant le chapitre de la Primatiale, auquel avait été réuni celui de Saint-Georges, sous la juridiction duquel ils avaient été placés, à cet égard, par leurs statuts primitifs.

Ces statuts furent confirmés par le duc Jean II, le 15 avril 1377, et par Charles II, le 10 mai 1399, pour, disent ces princes, « l'honneur, profit et advancement de nous et de nostre duché, et spécialement de l'église Monsieur saint Georges, nostre spéciale chapelle, et de nos bien aimés prévost et chapitre de ladicte église, nos spéciaux chapelains, et aussi à la prière et requeste de nosdicts chapelains, et aussy de nos marchands merciers de nostredict duché ».

Les règlements de 1341 continuèrent à être en vigueur sous les successeurs de ces princes, sans aucune addition, jusqu'en 1564, que, par un décret daté du 6 juin, rendu à la suite d'une requête du chapitre de Saint-Georges, Charles III accorda que le roi des merciers et ses commis auraient, à l'avenir, le regard et correction sur les abus malversations qui se pourraient commettre tant par faux poids et balances que denrées et merceries, le tout et ensuivant l'octroi et permission de ses prédécesseurs.

Par une ordonnance donnée à Nancy, le 1er février 1572, le même prince défendit à toutes personnes étrangères faisant trafic de l'état de mercerie, et venant dans les villes du duché, d'aller vendre leurs marchandises dans les maisons particulières ou de les étaler et vendre en lieu public, sans être hantées audit métier par le chef et les compagnons d'icelui, pour être sujets à leur visite et correction, et ce à peine d'une amende de six francs, dont un tiers aux chef et compagnons des merciers. Le duc interdit également aux marchands étrangers le trafic et transport des espèces monnayées et de la vaisselle d'argent, et permit aux chef et compagnons du corps des merciers de pouvoir faire la recherche des contraventions qui se commettraient et de les dénoncer au prévôt du lieu où elles auraient été commises.

Jusqu'à cette époque, et bien que la Juridiction consulaire existât de fait, le mot n'en est prononcé dans aucun document officiel : il n'est toujours question que des chef et compagnons merciers. C'est seulement à partir de la fin du XVIe siècle que cette Juridiction commence à paraître avec sa dénomination.

Parmi les villes dont les marchands étaient affiliés à la confrérie établie dans l'église Saint-Georges, figuraient, comme on l'a vu, celle de Saint-Nicolas-de-Port. Les développements considérables que le commerce y avait pris et qu'il tendait à prendre de plus en plus, engagèrent Charles III à y instituer deux foires, qui s'ouvriraient le 20 juin et le 20 décembre et dureraient chacune quinze jours. Les lettres patentes de ce prince sont du 24 mars 1597 ; elles forment une sorte de règlement, composé de vingt-trois articles. Par les premiers, il accorde des franchises aux marchands qui fréquenteront les foires de Saint-Nicolas, et il ordonne la construction d'un magasin public ou entrepôt destiné à recevoir leurs marchandises. L'article 9 est ainsi conçu : « Et comme, en toutes choses, la justice est un ferme lien des commerces et de la société d'entre les hommes, ainsi sera-t-il, d'an en an, par nous établi un conseil audit bourg, composé de quatre bons et notables marchands d'icelui[1], l'un desquels

---

1. Les lettres patentes de Charles III, du 4 avril 1579, portant

présidera, et, en son absence, le plus ancien ; et tous seront tenus, pendant le temps desdites foires, tenir par chacun jour l'audience deux fois, et, si besoin est, pour l'importance du fait et de la matière , appeler à eux quelques autres des bourgeois plus apparents pour conseillers ».

Les articles suivants déterminent les matières sur lesquelles auront droit de statuer les membres du conseil, que les lettres patentes qualifient *consuls*.

Ils sont appelés *juges consuls* dans l'ordonnance du 3 janvier 1604, ampliative de celle qui précède, et dans les ordonnances ou décrets relatifs aux foires de Saint-Nicolas, rendus par le duc Henri II, les 23 juillet 1612, 31 décembre 1615 et 2 juillet 1616.

Il y avait donc à Saint-Nicolas une Juridiction consulaire spéciale, qui siégeait pendant la durée des foires, et statuait sur les contestations qui devaient s'élever fréquemment entre les marchands de tous pays qu'attiraient dans cette ville les franchises et priviléges que leur avait octroyés l'ordonnance de 1597.

établissement de quatre foires à Pont-à-Mousson, contiennent la même disposition : « .... Et affin qu'en cas de procès ou altercas entre marchans pour faict de leurs marchandises, la justice leur soit soingneusement administrée, sera par nous estably ung conseil, de six en six mois, de quatre bons et notables marchans de nostredicte ville et cité, l'un desquelz présidera, et, en son absence, l'un des plus anciens ; lesquelz seront tenus, en temps des foires et durant icelles, tenir tous les jours l'audiance deux fois, et appellés avec eulx des plus apparens bourgeois pour conseillers, devant lesquelz se playderont toutes matières provenantes du faict des marchandises ou changes ou debtes entre marchans, et lesquelz pourront juger diffinitivement et sans appel jusques à la concurance de deux cens escus d'or, et, au dessus de ladicte somme, y aura appel par devant nous, en nostre conseil... »

Cette circonstance a-t-elle fait supposer que la Juridiction consulaire de Lorraine siégeait originairement à Saint-Nicolas, ou bien, est-il réellement vrai qu'elle y ait siégé avant de se fixer dans la capitale ?

Les statuts primitifs parlent, à deux endroits, des quatre élus de Nancy et de Port appelés à rendre la justice conjointement avec le maître, mais ils ne disent pas dans laquelle des deux villes ce dernier devait être choisi. Il est probable que les marchands portaient leurs voix uniquement sur celui qui leur semblait le plus digne, soit par sa position, soit par la réputation d'intégrité qu'il avait su acquérir. On a vu, en effet, que le premier roi de la confrérie avait été un nommé Jean de Maron, demeurant au village de Ceintrey[1].

Quels furent ses successeurs immédiats ? on l'ignore complètement. Le plus ancien registre capitulaire de Saint-Georges ne remonte qu'à l'année 1531, et on n'y trouve aucun document sur la confrérie des merciers. Les comptes des rentes et revenus du chapitre sont antérieurs d'un siècle environ ; mais les premiers ne renferment pas une seule mention relative à la question qui nous occupe. On ne commence à en rencontrer qu'à partir de 1512. On lit dans le registre de cette année : « Le maistre et officiers des merciers, demorant à St-Nicolas, sont tenus, chascun an, de venir à Nancy et compter, en la présence de chapitre, de toutes les amendes qui sont escheues pour l'année, par le rapport des maistre et officiers jurez dudict mestier ; lesquelz doient faire sérement audict prévost et chapitre, en la présence de tous les compaignons dudict mestier ; èsquelles

1. Voy. la charte du duc Raoul, p. 4, note.

amendes chapitre prent la moitié et lesdicts du mestier l'autre moitié ».

Cette mention est reproduite, à peu près textuellement, dans les comptes des années 1514 et 1529 [1] ; elle est plus explicite dans celui de 1537 : « Le maire Pierrot, demeurant à Port, maistre des merciers du duché de Lorraine, lui et ses compagnons, sont tenus venir en ce lieu de Nancy, en mai, de deux en deux ans [2], et rendre compte à Messieurs les prévost et chapitre de tous les nouveaux hantez au mestier de merciers et du pris, tant du pays que dehors, de toutes les amendes commises audict mestier... Et apportent un cierge honorable, duquel l'église en paye la moitié ».

Les comptes suivants se bornent à mentionner sommairement la recette de la cire offerte par les merciers à l'église Saint-Georges.

Ainsi, de 1512 à 1537, le roi des merciers du duché de Lorraine eut sa résidence à Saint-Nicolas ; peut-on en conclure que la Juridiction consulaire y siégeait également ? cela paraît assez vraisemblable.

Cette petite ville avait alors atteint un haut degré de prospérité ; elle était, « l'un des principaux lieux et mieux peuplé [3] » du duché de Lorraine ; l'industrie et le commerce y florissaient, et ses marchands avaient fait construire un magnifique hôtel de la Bourse, dont la richesse attestait leur opulence.

1. On ne possède plus que les registres de ces années.

2. Précédemment, c'était chaque année ; ce fut, plus tard, de trois ans en trois ans.

3. Sa population était de 7 à 8,000 âmes au XVIe siècle.

III.

Jusqu'au xvii⁰ siècle, il n'est question que d'une grande association ou confrérie entre les marchands des principales villes du duché de Lorraine, et dont le chef exerçait l'autorité sur tous ses membres, assisté de quatre d'entre eux, choisis parmi les merciers de Nancy et de Saint-Nicolas. A l'époque où nous sommes arrivés, des associations particulières ou maîtrises, comme on les appelait, s'étaient constituées, avec la permission du souverain, dans plusieurs endroits qui étaient, sans doute, des centres de commerce importants. Il y en avait, notamment, à Sierck et à Vézelise, comme chef-lieu du comté de Vaudémont.

La première s'était formée en vertu de lettres patentes du 8 février 1615, dans lesquelles, à la suite des dispositions réglementaires pour l'exercice du métier, se trouve le passage suivant : « Tous lesquelz poinctz et articles voulons estre suyvis, entretenus et observés inviolablement par les suppliants[1] et leurs successeurs merciers, à charge, toutes fois, qu'en tous cas *la supériorité demeurera au roy de la confrairie* desdictz merciers, érigée en l'église St-George de nostre ville de Nancy par le feu duc Raoul... ; au droict de laquelle confrairie n'entendons estre dérogé, au préjudice des vénérables chanoines et chapitre de ladicte église et du *roy des merciers* ».

Les lettres de han ou maîtrise données aux marchands du comté de Vaudémont, le 13 mars 1624, contiennent une disposition qui a quelque analogie avec la précé-

---

1. Les marchands de Sierck, sur la requête desquels avaient été octroyées les lettres patentes autorisant leur maîtrise.

dente : « Et consiste, y est-il dit, l'estat de mercier audict comté, à l'adjustement des poids et balances et ez marchandises , *la congnoissance et visite desquelles regarde les maistres et compagnons merciers de Lorraine*[1]. »

Ainsi, au-dessus des maîtrises particulières, il y avait celle des merciers du duché de Lorraine, établie, sans doute, à Nancy, comme nous le verrons plus loin, et la confrérie des merciers, érigée dans l'église Saint-Georges.

Saint-Nicolas avait aussi une maîtrise, mais dont l'organisation différait de celle des autres corporations du même genre, autant, du moins, qu'il est permis d'en juger par les documents que l'on possède.

Le premier est une délibération capitulaire du chapitre de Saint-Georges, dans laquelle se trouvent consignées plusieurs particularités intéressantes. Elle est ainsi conçue :

« Messieurs de Sᵗ-George estant capitulairement assemblez en leur chapittre, le treiziesme jour du mois de janvier 1638, le sieur Jacques Pralant, dit la Barre, s'est présenté à Messieurs, assisté du sieur Maurice Briançon, pour prester serment de bien et fidèlement administrer la justice des marchands *dans le districque de Sᵗ-Nicolas*. Messieurs ont députez messire Didier Jullet, écholastre de laditte église, et messire Claude de Troye, thrésorier, et M. Estienne Bon, secrétaire de leur chapittre, pour recevoir ledit serment. C'est ce qui a esté fait en ceste sorte : sçavoir est que ledit sieur Jacques

1. Vient ensuite la nomenclature des diverses marchandises qui constituaient le commerce de mercerie, lequel embrassait une foule d'objets qui forment aujourd'hui des branches particulières d'industrie. (Voy. *Communes de la Meurthe*, t. II, p. 663.)

Pralant, dit la Barre, *esleu par les marchands de St-Nicolas pour maistre*, a juré sur les saintes Evangiles, en présence des susdits sieurs et *du roy des marchands*[1], le sieur Vautrin Humard, et des sieurs Jean Vautrin, lieutenant du roy, Pierre Grandpère, eschevin, de bien et fidèlement administrer la justice, ainsi que de toute ancienneté, et de maintenir les droits de Messieurs de St-George. »

Le 3 décembre 1651, les « officiers du corps de la justice des marchands merciers de Saint-Nicolas », assemblés au logis de l'un d'eux pour faire élection d'un maitre à la place d'un nommé Didier Voirin, qui avait exercé cette charge l'espace de huit ans, ils élisent, pour lui succéder, le sieur Jacob Thomas ; et, le même jour, le nouveau maitre et les officiers choisissent un lieutenant, un maitre échevin, un échevin, un greffier et un doyen.

Dans le compte rendu, en 1652, devant le chapitre de Saint-Georges, pour les années 1645 à 1648, Didier Voirin, se qualifiant « roi des marchands du duché de Lorraine à Saint-Nicolas », remontre que, « pendant les guerres, il luy a esté du tout impossible d'aller faire révision des poix et balances, tant à Lunéville qu'à St-Dié, à Gerbéviller, à Magnières, à Rosières, à Château-Salins et autres places qui sont de son districque ; c'est pourquoy il ne fait aucune recepte ny despense, pour n'y avoir esté, veu les malheurs du temps ». En marge est écrit, par le représentant du

---

1. On trouve également, sous la date de 1633, la prestation de serment, en présence du sieur Preudhomme, roi, d'un nommé Mathis Beaucourt, marchand à Saint-Nicolas, lequel se qualifie *maitre des marchands du duché de Lorraine.*

chapitre : « Remontrance sans préjudice à l'advenir, où il en sera faict debvoir par le sieur Thomas, à présent *roy des marchands de St-Nicolas* ».

Par une délibération en date du 5 janvier 1652, les chanoines de Saint-Georges confirment l'élection de Jacob Thomas « par les gens de la justice et autres marchands de la maîtrise de Saint-Nicolas », nonobstant quelques irrégularités dans le procès-verbal qui leur en est présenté, et le nouvel élu, admis à prêter serment, jure « de bien et fidèlement exercer telle justice que peut et doibt exercer le *roy esleu des marchands* audict St-Nicolas, sans faveur ny haine, dol ny fraude, et de bien et deuement aussy conserver les droicts et franchises de la confrérie et maîtrise de l'insigne église de St-George. Et à luy aussy enjoinct de la part de mesdicts sieurs de leur donner advis de touttes les difficultés qui se pourroient faire contre lesdicts droicts et franchises desdicts église et maîtrise, pour y estre par eux conjoinctement prouveu, si bon, toutes fois, semble à mesdicts sieurs ».

Le 12 novembre 1662, le « corps des marchands merciers de Saint-Nicolas », assemblé au logis de Jacob Thomas, *maître* desdits marchands merciers, il est arrêté que celui-ci en nommera un pour recevoir les voix de tous les compagnons. Une nouvelle réunion a lieu le lendemain, et la majorité des suffrages se porte sur un nommé Marc Thiéry, lequel prête serment, le 18, entre les mains du chapitre, comme *roi des marchands* au lieu de Saint-Nicolas, en présence du lieutenant et de l'échevin de la maîtrise.

Il résulte de ces documents que les merciers de Saint-Nicolas formaient une corporation particulière, subordonnée à la confrérie de Saint-Georges, et dont les chefs, constitués en une sorte de tribunal de commerce, exerçaient leur juridiction sur un territoire considérable, puisqu'il s'étendait depuis Saint-Dié jusqu'à Château-Salins[1].

Ce tribunal n'occupait, néanmoins, qu'un rang secondaire, et il n'avait plus à sa tête, comme au commencement du xvi⁰ siècle, le roi des merciers du duché de Lorraine. C'est qu'aussi la petite ville qui en était le siége, était bien déchue de son ancienne splendeur : décimée d'abord par la peste, qui avait cruellement sévi, à plusieurs reprises, depuis 1627, elle avait été ensuite pillée et incendiée par les Suédois, en 1635; ses foires, qui attiraient jadis tant de négociants étrangers, n'existaient plus, et ses marchands devaient se trouver réduits à un très-petit nombre[2]. Ce n'était donc, très-vraisemblablement, qu'en souvenir de son importance passée, qu'elle était restée le chef-lieu d'une juridiction commerciale, subordonnée à celle du duché, qui devait siéger alors à Nancy, et devant le chef de laquelle le maître des

1. Un décret du duc Henri II, rendu, le dernier décembre 1615, sur la requête des juges consuls de Saint-Nicolas, porte qu'ils pourront exercer leur juridiction par tout *le marquisat de Nancy*, jusqu'à la somme de 1,500 francs.

2. Dans une requête adressée au chapitre de Saint-Georges, en 1643, par un marchand, au sujet de la saisie faite sur lui de médailles d'argent par un certain Bastien Corbillon et Fiacre Drouin, se disant maître et officiers de justice de Saint-Nicolas, le plaignant demande que ceux-ci soient condamnés à lui faire réparation d'honneur, à payer une amende, « et être dit qu'à l'avenir ils n'agiront plus dans l'exercice de justice des marchands de Saint-Nicolas, tant à cause de leur incapacité que comme *n'y ayant plus de marchands audit Saint-Nicolas.* »

merciers de Saint-Nicolas était tenu de venir prêter serment.

La capitale avait aussi beaucoup souffert durant la période dont il vient d'être parlé, mais bien moins proportionnellement que Saint-Nicolas, et les marchands devaient y être plus nombreux et plus riches que dans cette dernière ville, ruinée par les calamités de tout genre qui l'avaient frappée.

Même avant le désastre de 1635, qui lui donna le coup de la mort, si l'on peut s'exprimer ainsi, elle avait déjà perdu sa suprématie, et les rois des merciers de Lorraine étaient choisis parmi ceux de Nancy. C'est, du moins, ce que nous voyons à partir de 1611 : cette année, c'est un nommé Pierre Croisart ou Croissart, de cette ville, qui est élu pour roi; en 1619, c'est Laurent Merry, aussi de la même ville, lequel prête serment devant le chapitre de Saint-Georges, ainsi qu'il est constaté par l'acte capitulaire ci-après :

« Ce jourd'hui xxvij^e de may mil six cens et dix nœuf, le Sr Laurent Merry, roi des merciers du duché de Lorraine, despendant de l'église insigne monsieur saint George, s'est représenté par devant Messieurs les prévost et chanoynes, capitulairement assemblez à leur accoustumée; auquel il a esté receu et adjuré sur les saintes Évangiles de Dieu, quil luy ont esté présentées par le sieur prévost, que fidellement il s'aquitteroit de sa charge, à la conservation de mesditz sieurs et de ceux de la confrairie, et de rendre bon et fidelle compte dans trois années, en datte de celle de sa création, de ce qu'il aura géré en ceste charge. Ainssy l'a il juré en ceste sorte, les an et jour que dessus. »

Une autre délibération capitulaire, beaucoup plus explicite que la précédente, contient des particularités d'où il résulte que les statuts de 1341 avaient subi, dans le cours du temps, des modifications qui ne sont indiquées dans aucun acte officiel, mais qu'il est permis de constater à l'aide des documents qui nous ont été conservés. Voici le texte de cette délibération :

« Le mardy cinquiesme d'octobre mil six cent quarante neuf, Messieurs les vénérables prévost et chanoines assemblés en chapitre au son de cloche, ont comparus les sieurs J. Vuatrin, roy des marchands, les gens de leur justice et tous les autres marchands y appellés, de la part de mesdits sieurs, par Simon Gilquin, doyen de leurdite justice, pour voir estre procédé à la nomination de quattre desdits marchands par ledit sieur Vuatrin, et à l'élection d'un d'iceux quattre nommé pour nouveau roy par lesdits maistres marchands présentz ; ce qu'a esté faict instament, le secrétaire ordinaire, en présence de mesdits sieurs, recueillant les voix d'un chacun d'iceux, sçavoir : ledit sieur Vuatrin a nommé les sieurs Regnault Richard, Thomas Colin, Jean Medreville et Pierre Breton, desquels quattre nommés, le sieur Thomas Colin a esté esleu pour le roy des marchands par la pluralité des voix des eslisants ; à quoy il a acquiescé. Ce qu'estant faict, le sieur Estienne Bon, prévost, tant pour soy que pour mesdits sieurs et chapitre, a faict prester serment audit sieur Thomas Colin, qu'il a faict sur les saincts Evangiles, entre les mains dudit sieur prévost, auxdits noms, que il géreroit fidèlement ladite charge, exerceroit et feroit exercer bonne et loyalle justice, sans faveur ny vengeance, ny acception de personnes, et selon les loix et statuts de praticque ancienne de ladite maitrise des marchands. Et premièrement et particuliérement a juré de ne faire ny faire faire, médiatement ou immédiatement, ny par quelque voye ce fust, aucune chose, ny souffrir estre faicte contre les droits et immunités de l'insigne église de Sainct-George de Nancy, ni de ladite maitrise ; qu'au contraire, il en conservera lesdits droicts et immunités, et de ladite maitrise, selon son plus grand pouvoir et selon les us et coustumes conformes à leurs chartres. Ce qu'il a signé, avec lesdits sieurs prévost et secrétaire ordinaire dudit chapitre, les an, mois et jour que dessus. »

Dans le procès-verbal de 1619, il n'est question que de la confrérie ; dans celui de 1649, au contraire, il n'est parlé que de la maitrise, et l'on voit, par ce dernier, que le roi sortant de charge désignait lui-même quatre candidats, parmi lesquels devait être élu son successeur. Il n'est plus rien dit des « quatre élus de Nancy et de Port », mentionnés dans les statuts de 1541.

Comment et à quelle époque ce changement s'était-il opéré ? c'est ce qui n'est indiqué nulle part. Il est également impossible d'expliquer la distinction à faire entre la confrérie et la maitrise, à moins de supposer que l'une avait un caractère exclusivement religieux, et l'autre un caractère civil. Mais cela ne ressort pas clairement des documents qui les concernent, et nous nous bornons à constater le fait. Tout ce qu'on sait, c'est que, dans les cérémonies religieuses, le *maitre* de la confrérie avait le pas sur le *roi* des marchands ; témoin l'acte capitulaire ci-après :

« Du 1er octobre 1646.

» La question faitte en chapitre par les marchands, sçavoir lequel du roy desditz marchands ou du maistre de la confrairie iroit baiser la platinne en l'offrande le

premier. Messieurs du chapitre ayant consulté sur cette
difficulté les plus anciens desditz maistres marchands,
à sçavoir les sieurs Nicolas et Noël Hardy, qui ont dit
avec tous leurs compagnons qu'ils avoient tousjours veû
se praticquer que le maistre de la confrairie alloit le premier à l'offrande ; laquelle coustume, Messieurs, capitulairement assemblés, ont ordonné que laditte coustume
seroit doresnavant inviolablement gardée, sans innova-
tion. En foy de quoy ils ont ordonné au secrétaire de
signer le présent acte. Laquelle ayant esté leuë en présence de tout le corps des marchands, ont tous dit que
les droictz honorificques appartenoient au maistre de la
confrairie. »

Cette délibération explique peut-être les qualifications
diverses qui sont données aux chefs des marchands dans
les procès-verbaux d'élection ou de prestation de serment : tantôt, ils sont appelés rois et maitres, c'est-à-dire
maitres de la confrérie et rois de la maitrise ; tantôt seulement rois.

Cette maitrise était comme un tribunal supérieur à tous
les autres et devait avoir quelque analogie, sous le rapport commercial, avec nos cours impériales actuelles ;
elle représentait, suivant toute apparence, la Juridiction
consulaire, dont nous allons bientôt trouver le nom, et
que nous verrons siéger judiciairement avant la promul-
gation de l'édit qui la constitua d'une façon régulière.

Comme prélude à cet édit, on doit citer l'ordonnance
rendue par Charles IV, le 30 janvier 1626. Par cet acte,
le prince déclare que le roi des marchands et ses commis
ont le pouvoir de visiter et réformer les poids, balances
et mesures, ainsi que les marchandises falsifiées ; de
faire comparaître par devant eux ceux qui en seront

saisis ; de corriger et punir d'amendes les marchands prévenus d'excès et débats ; de juger des difficultés suscitées entr'eux, sans que ceux-ci se puissent actionner devant une autre justice ; enfin, d'exercer toute juridiction sur le *han*, recevoir le serment des nouveaux entrants, auxquels l'exercice du métier n'est permis qu'après avoir subi ledit *han*, c'est-à-dire s'être conformés aux formalités prescrites par les règlements de la maîtrise.

Cette dernière, on le voit, exerçait, par ses chefs, la justice en matière commerciale, sans que les autres tribunaux pussent intervenir. Cela eut lieu pourtant plusieurs fois, mais ceux-ci furent toujours déboutés de leurs prétentions : nous citerons, notamment, un arrêt rendu, en 1680, par le Parlement de Metz, au sujet d'une entreprise du Bailliage de Nancy, lequel avait prétendu s'approprier la connaissance d'un fait de mercier. Par son arrêt, le Parlement, confirmant *la justice des marchands de Lorraine*, ordonna que la sentence rendue par les *juges marchands* serait exécutée suivant sa forme et teneur, et défendit aux officiers du Bailliage de casser les sentences desdits juges marchands.

Ces derniers obtinrent encore, le 4 décembre 1685, un décret de M. Charuel, intendant de Lorraine et Barrois, qui confirma les chartes à eux octroyées en 1341, 1377, 1399, 1564 et 1626.

Quelques années auparavant, et afin d'obvier aux difficultés qui pourraient surgir touchant la nomination du maître et de ses officiers, les marchands avaient jugé à propos de faire un règlement qui déterminât parmi lesquels d'entre eux seraient choisis les chefs de la corporation ou de la justice commerciale. L'acte suivant indique quelles mesures ils prirent pour prévenir des conflits :

« Extraict des registres des causes pendent par devent les maistre et gens de la justice des marchands de Lorraine.

» Du dixhuictiesme apvril 1673.

» Les maistre et gens de la justice des marchands de Nancy estans judiciairement assemblés pour terminer sans procès l'opposition formée par quelques marchands à l'élection d'un maistre, ont conclud et arresté qu'à l'advenir, à commancer en l'année 1676, le maistre présentement en charge fera nomination de trois marchands épiciers et merciers, pour estre l'un d'iceux choisi et eslu pour maistre en son lieu et place, à la pluralité des voix et dans les formes accoutumées ; lequel maistre espicier, ses trois ans expirées et accomplis, fera nomination de trois marchands drappiers et merciers, et ce affin que les uns et les autres soient en charge de trois ans en trois ans ; et lorsque le maistre qui sera en charge, s'il est drappier, il aura pour son lieutenant un espicier, et pour ses deux eschevins un drappier ou mercier et un espicier ; lesdicts trois officiers à son choix. Aussy, de mesme, le maistre qui sera en charge, s'il est espicier, il aura pour son lieutenant un marchand drappier, et les autres officiers de mesme que cy-dessus et à son choix... »

Ainsi, à cette époque, la « justice des marchands de Nancy » se composait d'un maître, d'un lieutenant et de deux échevins ; c'est-à-dire que la Juridiction consulaire existait de fait, et qu'il n'y avait plus guère qu'à lui donner ce nom. C'est ce que fit Léopold.

IV.

Par un arrêt rendu en son Conseil, le 4 mars 1707, sur la requête à lui présentée par les maître et corps de marchands de Nancy, à eux joint le chapitre de Saint-Georges [1], Léopold statua que nul ne serait reçu désormais à la maîtrise des marchands sans avoir justifié qu'il professait la religion catholique, apostolique et romaine ; que tout aspirant devrait faire trois ans d'apprentissage et résider en Lorraine ; enfin, que les amendes et peines portées dans les anciens règlements seraient dorénavant arbitraires et prononcées par les *juges consuls*.

Cet arrêt avait pour but de réprimer divers abus qui se glissaient dans le commerce, et de prévenir les dangers qu'il y avait à admettre certains marchands, notamment les droguistes, à l'exercice de leur profession avant qu'ils eussent acquis une expérience suffisante. Les chefs de la maîtrise y sont qualifiés pour la première fois juges consuls ; dénomination sous laquelle ils continuèrent depuis à être désignés.

L'édit du 28 novembre 1715 vint compléter l'œuvre commencée près de quatre cents ans auparavant, et substituer un véritable monument législatif aux règlements imparfaits jusqu'alors en vigueur. L'importance de ce document nous engage à le reproduire à peu près en entier [2].

« Léopold, etc. A nos chers et bien aimés Alexandre

---

1. Son intervention dans tous les actes relatifs à la Juridiction consulaire s'explique par l'autorité qu'il exerçait sur le corps des marchands et la part qui lui appartenait dans les profits de la confrérie.

2. Il est imprimé dans l'opuscule cité plus haut (p. 2) et dans le Recueil des ordonnances de Lorraine, t. II, p. 80.

Senturier, Mathieu Fromenteau, Jean Hannus, Nicolas Regnard et Marc Antoine, marchands en notre bonne ville de Nancy, Salut. L'attention particulière que nous donnons au bien et à l'avantage du commerce.... nous ayant porté à chercher les moyens les plus propres et les plus convenables pour soutenir... le crédit des marchands de nos Etats, et pour procurer la sûreté commune de ceux qui se trouvent intéressés au commerce qui s'y fait ; nous avons estimé n'y en avoir point de plus solide que de commettre à des personnes de probité, sages et expérimentées.... la connaissance et décision des affaires qui intéressent le commerce, et de retrancher à cet égard les involutions des procédures ordinaires.

» A ces causes,... nous vous avons commis et députés... par provision, et jusqu'à ce qu'il nous ait plu y pourvoir autrement, pour juges consuls, et, en cette qualité, connaitre et décider par vous cinq, ou par trois de vous, en cas d'absence, maladie ou autres légitimes empêchements des deux autres, sommairement et gratuitement, de tous les différends nés et à naitre entre marchands, et pour fait du commerce seulement ;... connaitre, par voies civiles, des faillites et des banqueroutes... et des attermoiements entre marchands et marchands...; en prendre connaissance, les décider et user, à cet effet, de tels expédients et tempéraments que la justice et l'équité exigeront,... vous attribuant toute cour et juridiction, que nous interdisons à tous nos autres juges et officiers, auxquels nous enjoignons de renvoyer pardevant vous toutes les affaires de commerce... Vous permettons de nommer et établir un greffier, qui tiendra bon et fidèle registre, en papier timbré, de tout ce qui sera par vous fait et ordonné...

» Nous voulons que, de trois ans en trois ans, à commencer après le temps de votre exercice, le maître sortant de charge, ayant pris nos ordres sur la nomination qu'il fait ordinairement de trois marchands du corps, icelui assemblé en la manière ordinaire, au cloître de Saint-Georges, il en soit élu un, à la pluralité des voix des marchands, qui sera tenu de nous nommer quatre marchands, qui ne pourront exercer avec lui la justice consulaire qu'après avoir été par nous agréés et après avoir, tous cinq, prêté en notre Cour souveraine le serment en tel cas requis et accoutumé.

» Désirant donner quelque distinction au corps des marchands de notredite bonne ville de Nancy, nous... ordonnons que nul ne puisse être reçu à s'établir ni tenir boutique qu'en justifiant, par bons certificats, du lieu de sa naissance, de ses bonnes vie, mœurs et religion ; et que nul ne pourra être reçu dans le corps des marchands de notredite ville de Nancy qu'après avoir justifié de trois années d'apprentissage chez de bons marchands, et prêté au corps desdits marchands le serment ordinaire et accoutumé.

» Permettons auxdits juges consuls d'établir des lieutenants dans les principales villes de nos Etats, pour visiter les aunes, poids, mesures et balances seulement, dont ils dresseront des procès-verbaux, qu'ils renverront au greffe de la justice consulaire, pour y être, par les juges consuls, statué ce qu'au cas appartiendra.

» Et quant aux comptes à rendre et délibérations à prendre concernant les affaires du corps des marchands de Nancy, on s'y comportera comme d'ancienneté, y appelant huit ou dix des notables marchands de notredite ville, parmi lesquels ne seront compris ceux qui

seront en exercice ni ceux qui en seront sortis les derniers.

» Voulons, au surplus, que les chartes et priviléges
accordés et confirmés par nous et nos prédécesseurs ducs,
en faveur du corps des marchands de Nancy, soient exé-
cutés selon leur forme et teneur. »

D'après l'édit de 1715, le tribunal consulaire fut donc
composé d'un maître, assisté de quatre marchands, qu'il
présentait à la nomination du duc, et d'un greffier choisi
par eux. Le maître prit d'abord la qualification de roi
des marchands et premier des juges consuls, puis seulement celle de premier juge consul. Le premier de ses
quatre assesseurs avait le titre de lieutenant ; les autres
adoptèrent primitivement ceux de premier, second et
troisième échevins, puis de juges consuls, enfin, de consuls. Ces cinq magistrats prêtaient serment devant la
Cour souveraine de Lorraine et Barrois, dans le ressort
de laquelle ils exerçaient leur juridiction.

Il leur fut permis d'établir, dans les principales villes
des duchés, des lieutenants dont les attributions étaient
analogues à celles de nos vérificateurs des poids et mesures. Cette institution n'était pas nouvelle, car, dès le
commencement du xviie siècle, on trouve des lieutenants
du roi des marchands dans plusieurs villes, notamment à
Mirecourt, Bruyères, Châtel-sur-Moselle et Saint-Dié.
Ils percevaient et faisaient parvenir au roi le montant des
lettres de han ou de réception dans la maîtrise ; ce dernier leur transmettait ses ordres par un agent subalterne,
qui se qualifiait sergent du maître et roi des marchands
du duché de Lorraine.

A la suite d'une requête présentée par les « juges consuls de Lorraine et Barrois, » expositive que, « dans les provinces étrangères, les juges consuls et du commerce jouissaient de certaines franchises qui les distinguaient des autres marchands et bourgeois ; qu'eux étaient les seuls qui n'eussent aucun privilége, quoiqu'ils rendissent la justice sans rétribution et avec toute l'exactitude possible, abandonnant souvent leurs propres affaires pour donner leurs soins à celles du public », — Léopold donna, le 12 décembre 1724, des lettres patentes par lesquelles il octroya « aux juges consuls établis dans sa bonne ville de Nancy la franchise et exemption de toutes charges et impositions quelconques, telles et semblables dont jouissaient les privilégiés, officiers et domestiques de sa maison, pour par eux en jouir pendant les trois années seulement de leur exercice[1] ».

Enfin, par un édit donné à Versailles, au mois de décembre 1787, le roi créa un office de greffier en la Juridiction consulaire de Nancy[2].

On a vu, par les statuts primitifs, que les marchands étaient tenus de délivrer au chapitre de Saint-Georges la moitié des profits de la maîtrise. En vertu d'un traité fait, en 1719, entre le chapitre et les juges consuls, et renouvelé en 1730, le premier renonça aux droits qui lui devaient advenir lors de la reddition des comptes, moyennant une somme de 200 francs barrois, payable par le premier juge consul, le lendemain de la Saint-Michel, le chapitre se réservant toujours le droit d'assister à la reddition de ses comptes[3].

1. Trésor des Chartes, reg. B. 168, fo 56.
2. Ib., reg. B. 268.
3. On lit dans le compte de recette et dépense du chapitre de

Quant à l'élection du premier juge consul, qui avait remplacé le roi des marchands, elle continua à se faire devant le chapitre, puis, après sa suppression (1742), devant celui de la Primatiale, héritier de ses anciennes prérogatives.

V.

On ignore où se tenaient anciennement les assemblées du corps de la justice des marchands de Nancy; c'était, sans doute, dans une des salles de la collégiale Saint-Georges, où l'on venait également rendre les comptes par-devant le chapitre et procéder à l'élection des rois de la confrérie. En 1716, les juges consuls obtinrent la permission de se servir, pour leurs audiences, de la chambre de la gruerie, à l'Hôtel-de-Ville, sur la place Mengin; plus tard (1738), on leur assigna une salle voisine de la précédente, et prenant jour sur

Saint-Georges réuni à celui de la Primatiale, pour l'année 1743 : « Le chapitre, à cause de l'union du corps des marchands au cloistre de l'église, a droit de députer un chanoine pour assister à la visite des maîtres, pour le maintien de leur police, et de percevoir le tiers dans les bans, amendes et réceptions, lors du compte que le roy des marchands est obligé de rendre pardevant et en présence dudit député, de trois ans en trois ans, le lendemain de la fête de saint Michel, leur patron, jour de l'élection d'un nouveau roy, conformément à leurs chartres et à la sentence rendue au Bailliage de Nancy, le 13 mars 1676 ; lesquels droits le chapitre a bien voulu abandonner, jusqu'à bon plaisir, auxdits marchands, moïennant la redevance annuelle de 240 francs barrois, faisant 102 livres 12 sols 3 deniers tournois, sçavoir : 200 francs pour lesdits droits et 40 francs pour la rétribution de la messe que le chapitre fait célébrer le jour de la fête de saint Michel, en fournissant, par lesdits marchands, le luminaire, dont le restant demeure au profit de l'église ».

En 1749, le corps des marchands payait une redevance de 300 francs barrois.

l'arrière-cour des prisons[1]. A partir de 1755, ils vinrent siéger à l'hôtel de la Bourse, sur la Carrière, construit, en grande partie, aux frais des marchands.

C'est là que se tiennent encore aujourd'hui les audiences du Tribunal de Commerce, continuation de notre vieille Juridiction consulaire ; son souvenir y est rappelé par une inscription sur laquelle sont gravés les noms des juges consuls de Lorraine et Barrois depuis 1715[2]. C'est l'armorial du commerce de Nancy.

Ceux dont les noms y sont placés avaient eu, dans les anciens rois des marchands, des prédécesseurs qui, moins privilégiés qu'eux, sont oubliés depuis longtemps. La mémoire de ces hommes, que leur intelligence et leur probité désignèrent aux suffrages de leurs concitoyens, méritait pourtant d'être conservée, à non moins de titres que la mémoire de ceux que des services plus ou moins importants rendus au pays, quelquefois la faveur seule, a fait inscrire sur les pages des Nobiliaires. Nous avons voulu, autant qu'il nous a été possible, réparer cette injustice de la postérité, en recueillant les noms des per-

----

1. Voy. *Archives de Nancy*, t . II, p. 51 et 364.

2. Cette inscription est gravée sur une lame de cuivre, enfermée dans un cadre de bois doré ; on lit à la partie supérieure : « Tableau « de M^{rs} les Juges et Consuls des Marchands de Lorraine et Barrois « qui ont exercé la Jurisdiction consulaire dans la ville de Nancy par « l'édit de création de S. A. R. LÉOPOLD I, donné au mois de no- « vembre l'an de grâce mil sept cent quinze, et en continuant de trois « ans en trois ans, conformément aux patentes de l'élection d'i- « ceux ».

Sous ces lignes viennent les noms des *premiers juges*, lieutenants, premier, second et troisième consuls, avec la date de leur entrée en fonctions. On a gravé, à la suite, les noms des présidents du Tribunal de Commerce.

sonnages qui jouèrent le rôle modeste, mais utile, de magistrats consulaires.

Le premier roi des merciers du duché du Lorraine fut Jean de Maron, demeurant au village de Ceintrey, mentionné dans la charte de 1341. Il est permis de supposer qu'il fut l'un des rédacteurs des statuts primitifs, lesquels servirent de base aux règlements postérieurs.

Ses successeurs immédiats sont inconnus : nous trouvons seulement, dans quelques documents isolés, les noms de Chardins de Port, en 1463 ; de Pierrot Potier, de Saint-Nicolas, en 1513 ; de Claudin Savoye, probablement de Nancy, en 1545 ; de Jean de Ceintrey, en 1580. Ils se qualifient rois des merciers du duché de Lorraine.

A dater du xviie siècle, les renseignements deviennent plus nombreux, et ils fournissent une liste à peu près complète des chefs de la maîtrise et de la confrérie des marchands. Voici leurs noms, avec les qualifications diverses dont ils sont suivis :

1611-14. Pierre Croisart ou Croissart, de Nancy[1], maître et roi des marchands merciers du duché de Lorraine.

Jean-François Rouyer, maître et roi des marchands du duché de Lorraine.

1619. Laurent Merry, maître et roi des marchands merciers du duché de Lorraine.

1626. Pierre Croissart, le jeune, roi des marchands merciers. — Georges Royer, lieutenant.

1627-32. Le sieur Moreau, qui parait avoir été roi pendant cinq ans.

1632. Pierre Prudhomme, roi de marchands, élu pour

---

1. Ceux dont les noms ne sont pas suivis de cette indication, étaient de Nancy.

trois ans, prête serment en présence de Thiéry Le Page, Vautrin Humaire et Simon Gillequin, marchands à Nancy.

1638. Vautrin Humaire, roi des marchands. — Jean Vautrin, ou Vaultrin, lieutenant ; Pierre Grandpère, échevin.

1643. Henri d'Entré, ou Dantrée, roi des marchands du duché de Lorraine.

1646. Jean Vaultrin, roi des marchands[1]. — Thomas Colin, lieutenant.

1649. Thomas Colin, roi. — Regnault Richard, lieutenant.

1654. Regnault Richard, roi. — Claude Hardy, l'ainé, lieutenant.

1658. Claude Vaultrin, roi. — Claudes Charles, lieutenant.

1661. Claude Charles, roi. — Nicolas Camus, lieutenant.

1664. Léonard Breton, roi et maitre.

1667. Jacques Vuillot, roi.

1670. Claude Charles, roi des marchands de Lorraine. — Nicolas Hocquel, lieutenant.

1673. Nicolas L'huilier, roi et maitre de la confrérie. — Jean Gayet, lieutenant.

1676. ..... Breton, roi.

1679. Marc Anthoine, roi.

1682. Jean Nicolas, roi. — Jacques Regnart, ou Renard, lieutenant.

---

1. On a conservé le résultat du dépouillement du scrutin pour son élection : on voit qu'il obtint 20 suffrages ; Thomas Colin, 14 ; Regnault Richard, 2 ; Pierre Hubert, 0.

1685. Nicolas Hecquel, roi.

1688. Jean Gayet, roi.

1691. Jacques Regnart, roi. — Claude Richard, lieutenant.

1694. Henri Des Forges ou de Forges.

1700. Claude Richard, roi.

1703. Nicolas Regnard, roi et maitre des marchands du duché de Lorraine. — René Poirson, lieutenant; Marc Anthoine, le fils, 1er échevin; Pierre Poirsel, 2e échevin[1].

1706. Jean Nicolas, roi. — Marc Anthoine, le jeune, lieutenant; Henri de Forges, 1er échevin; Charles Platel, 2e.

1709. Marc Anthoine, premier juge consul de la justice[2].

1712. Pierre Trottin, premier juge consul et roi du corps des marchands de Nancy[3]. — Jean Hannus, lieutenant; François Thouvenin, 1er échevin; Jean-François Le Léal, ou Leléal, 2e.

Les noms qui suivent se trouvent, sauf quelques-uns, que nous avons ajoutés, sur l'inscription de la salle d'audience du Tribunal de Commerce. Nous conservons aux magistrats consulaires les qualifications sous lesquelles ils sont désignés dans les registres de la collégiale Saint-Georges.

---

1. C'est la première fois que paraissent les deux échevins.

2. Il est ainsi qualifié dans le compte-rendu par lui devant « Messieurs les juges consuls de la Chambre des marchands du duché de Lorraine, établie à Nancy ».

3. Compte-rendu, le 1er août 1716, par-devant le chapitre de Saint-Georges, « en la Chambre consulaire », par le sieur Pierre Trottin, ci-devant « premier juge consul du corps et de la justice des marchands ».

1715. Alexandre Seinturier, roi. — Mathieu Fromenteau, lieutenant; Jean Hannus, 1er échevin; Nicolas Regnard, 2e; Marc Anthoine, 5e.

1718. Alexandre Olivier, roi des marchands et premier des juges consuls. — Jean-François Leléal, lieutenant; Claude Nicolas, Joseph Charles et Antoine Chavinel, juges consuls.

1721. J.-F. Leléal, premier juge consul. — I.-J. Vincent, lieutenant; D. Monnier, P. Clément, Calais, 1er, 2e et 5e consuls.

1724. J.-J. Vincent, maitre et roi des marchands et premier des juges consuls. — J. Lombard, lieutenant; F. Mathieu, Finiel et J.-F. Coster, consuls.

1727. J.-J. Vincent, premier juge consul. — F. Mathieu, lieutenant; André Vallet, M. Benit, L. Laussel, consuls.

1750. M. Benit, premier juge consul. — J.-F. Coster, lieutenant; L. Laussel, J.-A. Thomas, N. Puiseur, consuls.

1755. J.-F. Coster, premier juge consul. — L. Laussel, lieutenant; J.-A. Thomas, N. Puiseur, J.-N. Gérard, consuls.

1736. L. Laussel, premier juge consul. — J.-A. Thomas, lieutenant; N. Puiseur, J.-N. Gérard, J.-B. Villiez, consuls.

1759. J.-A. Thomas, roi. — N. Puiseur, lieutenant; J.-N. Gérard, J.-B. Villiez, Sigisbert Vautrin, consuls.

1742. N. Puiseur, premier juge consul. — J.-N. Gérard, lieutenant; S. Vautrin, Charles-Roch Bloucatte, Claude Coster, consuls.

1745. Jean-Nicolas Gérard, premier juge consul. —

Ch.-Roch Bloucatte, lieutenant ; Claude Coster, Dominique Noirdemange et Pierre-François Chailly, consuls.

1748. Charles-Roch Bloucatte, premier juge consul. — Claude Coster, le jeune, lieutenant ; Dominique Noirdemange, P.-F. Chailly et Louis Toustain, consuls.

1751. Claude Coster, le jeune, premier juge consul. — Dominique Noirdemange, lieutenant ; P.-François Chailly, Louis Toustain, Benoît Baille, consuls.

1757. — Dominique Noirdemange, premier juge consul, élu pour succéder à Claude Coster, « qui avait exercé cet office avec distinction [1] pendant l'espace de *six années* consécutives », avec les mêmes lieutenants et consuls. — Pierre-François Chailly, lieutenant ; Louis Toustain, Benoît Baille, Nicolas Lebel, consuls.

1760. Louis Toustain, premier juge consul. — Benoît Baille, lieutenant ; Jacques-Sébastien Charpentier, Joseph Blachier, Hubert Oudinot, consuls.

1765. Jacques-Sébastien Charpentier, premier juge consul. — Hubert Oudinot, lieutenant ; J.-F. Villiez, Nicolas Pierrot, Antoine-François Aubert, consuls.

1766. Hubert Oudinot, premier juge consul. — Jean-François Villiez, lieutenant ; Nicolas Pierrot, A.-François Aubert, Jean-François Harnepont, consuls.

1769. Jean-François Villiez, premier juge consul. — Nicolas Pierrot, lieutenant ; A.-F. Aubert, Jean-François Harnepont, Georges-François Petitjean, consuls.

1772. N. Pierrot, premier juge consul. — Antoine-François Aubert, lieutenant ; J.-F. Harnepont, G.-F. Petitjean, Léon Devaux, consuls.

---

1. Cette annotation se trouve presque invariablement reproduite, depuis cette époque, à la suite du nom du premier juge consul sortant.

Sceau de la Juridiction consulaire de
Lorraine et Barrois.

Armoiries des marchands de Nancy.

1775. A.-F. Aubert, premier juge consul. — J.-F. Harnepont, lieutenant ; G.-F. Petitjean, L. Devaux, François Marin, consuls.

1778. J.-F. Harnepont, premier juge consul. — G.-F. Petitjean, lieutenant ; Devaux, Marin, Sébastien Bertier, consuls.

1781.[1] G.-F. Petitjean, premier juge consul. — Sébastien Bertier, lieutenant ; N.-J. Bellot, J.-M. Charpentier, N. Poupillier, consuls.

1785. G.-F. Petitjean, premier juge consul. — S. Bertier, lieutenant ; N.-J. Bellot, J.-M. Charpentier, P. Gabriel, consuls.

1789[2]. Jean-Michel Charpentier, premier juge consul.— Pierre Gabriel, lieutenant ; Nicolas Ayet, Nicolas Febvrel, Jacques Baille, consuls.

—

Aucun document n'indique si la confrérie des merciers eut un sceau destiné à donner de l'authenticité aux actes émanés des chefs de la corporation ; néanmoins, cela est plus que probable ; mais nous n'avons pas été assez heureux pour en découvrir d'exemplaire. Tout ce qu'on possède, comme monument sigillographique de cette association, c'est un cachet en argent[3], évidemment gravé

1. On remarquera qu'à partir de cette époque, le renouvellement des magistrats consulaires n'a plus lieu que de quatre ans en quatre ans.

2. Les noms des magistrats consulaires de cette année sont donnés dans Lionnois, t. I, p. 354, lequel y ajoute la liste des notables du corps des marchands.

3. Il se trouve au Musée d'Epinal ; le zélé conservateur de ce bel établissement départemental, M. Laurent, a bien voulu nous en envoyer une empreinte d'après laquelle nous avons fait lithographier la planche ci-jointe.

au xviie siècle, et sur lequel est représenté saint Michel[1], ayant à gauche un écusson aux armes simples de Lorraine, et autour la légende : SEEL DE LA JVSTICE CONSVLAIRE DV DVCHÉ DE LORRAINE.

Quant aux armoiries adoptées jadis par les marchands de Nancy, et qu'ils avaient fait enregistrer au Parlement de Metz, le 28 décembre 1696, en exécution de l'édit de Louis XIV, du mois de novembre de la même année, elles étaient *de sinople, à la balance d'or*[2].

VI.

Il nous reste maintenant à parler de ce qui concerne spécialement la confrérie des marchands.

Les statuts de 1341 indiquent que, dans l'origine, ses membres choisirent pour patron celui de l'église dans laquelle elle était établie, c'est-à-dire saint Georges. A quelle époque lui substituèrent-ils saint Michel ? c'est ce que nous ignorons. Ce qui est certain, c'est qu'au xviie siècle, il était devenu le patron de la confrérie, et que sa fête se célébrait solennellement, chaque année, dans la collégiale, par une haute messe en musique, que suivaient, le lendemain, des services pour les confrères défunts. On voit, dan° un registre capitulaire de Saint-Georges[3], que, le dernier septembre 1651, il fut délivré

1. L'image de saint Michel est aussi représentée au centre du balustre en fer qui décore le balcon du Tribunal de Commerce.

2. « Armes des corporations des arts et métiers de la Lorraine, du Barrois et des Trois-Evêchés, enregistrées, en exécution de l'édit de Louis XIV, de novembre 1696, au Parlement de Metz, le 28 décembre de la même année » ; ms. de la bibliothèque publique de Metz.

3. On lit dans le même registre, sous la date du 28 septembre

20 francs « pour le service fait à la Saint-Michel, sans préjudice des 30 francs que la confrérie devait annuellement pour les services ».

Le 13 juillet 1691, le pape Innocent XII accorda de nombreuses indulgences à la confrérie, par une bulle dont le préambule est ainsi conçu :

« Comme nous avons appris que, dans l'insigne église collégiale et séculière de Saint-Georges de la ville vieille de Nancy, de nul diocèse[1] ou de celui de Toul, il y a une pieuse confrérie de l'un et de l'autre sexe des fidèles, canoniquement érigée ou à ériger au plus tôt par l'Ordinaire du lieu, pour une profession seule et spéciale, à savoir des marchands, sous l'invocation de saint Michel archange, à l'honneur et louange de Dieu tout puissant, pour le salut des âmes et le soulagement du prochain, et de laquelle nos bien aimés enfants et confrères ont de coutume et s'appliquent à exercer plusieurs œuvres de piété, charité et miséricorde ; et afin que ladite confrérie s'augmente d'autant plus de jour en jour, et que les con-

---

1613 : « Le sʳ Pierre Croissart, marchand, bourgeois à Nancy, comme roy des marchands, a accordé avec Messieurs (du chapitre) de donner traize frans neuf gros à Messieurs, et se distribuera, sçavoir : quatre frans pour la musique, neuf gros au sacristain, neuf gros à l'organiste, trois gros au soufleur, et six gros pour la messe à un de Messieurs qui sera arrière arrière (*sic*) sepmainier, et mesdits sieurs auront les offrandes ».

On trouve aussi la mention suivante dans le compte de la recette et dépense du chapitre de Saint-Georges, pour l'année 1713 : « Le troisième jour de la foire de Nancy, le roy des merciers doit un cierge dé deux quartes, pesantes douze livres, suyvant la fondation : le prix duquel cierge est compris dans les 40 francs que les merciers payent tous les ans, par accord fait avec eulx, le 14 janvⁱ 1686, pour l'office de St-Michel, qui sont distribués aux présens ».

1. Le chapitre de Saint-Georges se prétendait exempt de la juridiction des évêques de Toul.

frères qui sont et seront de ladite confrérie s'adonnent à l'exercice de ces œuvres pieuses et soient à l'avenir d'autant plus excités à les exercer, comme aussi les autres fidèles chrétiens d'entrer ci-après en ladite confrérie, et que ladite église soit duement vénérée et fréquentée par les mêmes fidèles chrétiens avec des honneurs convenables ; nous confiant en la miséricorde de Dieu tout puissant et en l'autorité de ses bienheureux apôtres saint Pierre et saint Paul, nous donnons et accordons à perpétuité, par autorité apostolique, indulgence plénière, pardon et rémission de tous leurs péchés à tous les fidèles chrétiens de l'un et de l'autre sexe qui, vraiment pénitents et confessés, entreront dorénavant en ladite confrérie et seront reçus en icelle, et qui, au premier jour de leur entrée et réception susdite, recevront le saint sacrement de l'eucharistie... »

Le chapitre de Saint-Georges ayant été supprimé, en 1742, et uni à celui de la Primatiale, les marchands sollicitèrent la translation de leur confrérie dans cette dernière église ; ce qui leur fut accordé par la délibération capitulaire suivante, en date du 28 septembre 1743 :

« Cejourd'huy, en chapitre ordinaire, les juges consuls de cette ville se sont présentés au chapitre, de la part du corps des marchands de la même ville, et l'ont prié d'agréer l'établissement de la confrérie de Saint-Michel, érigée en l'insigne église collégiale de Saint-George, unie à celle de la Primatiale ; sur quoy Messieurs ayant délibéré, ont résolu unanimement de faire droit sur la demande dudit corps des marchands, sur lequel le chapitre de Saint-George, en vertu des lettres patentes du duc Raoul, a toujours exercé cojuridiction ; en conséquence, il a été arrêté que l'office se fera dans notre église de la même manière qu'il s'est toujours pratiqué dans celle de Saint-George, et que, le lendemain de la fête de saint Michel, on chantera solennellement une grande messe des morts, avec le *libera*, pour le repos des âmes des confrères défunts, ainsi que cela s'observait dans ladite église de Saint-George, pendant laquelle on dira une messe basse du jour. »

Deux ans après, le 17 septembre 1745, une nouvelle convention, portant les dispositions ci-après, fut signée entre les commissaires nommés par le chapitre de la Primatiale et par le corps des marchands :

« Tous les ans, on célébrera, dans l'insigne église Primatiale de Lorraine, l'office de saint Michel, le 29 septembre, avec une messe solennelle qui se dira au grand autel ; les vêpres, la veille de la fête, et le jour, à l'heure ordinaire ; et, le lendemain de ladite fête Saint-Michel, on dira, à pareille heure, une messe haute des morts pour les défunts du corps des marchands, avec chapes noires au chœur, représentation à la nef, et les obsèques autour, comme d'ancienneté.

» Pour l'office solennel de la veille et le jour de la fête Saint-Michel, et pour la messe haute des morts, du lendemain, comme il a été dit ci-devant, et pour tous les droits que Messieurs les chanoines ont ou peuvent avoir dans les amendes ou autres, s'ils y en ont, ledit corps des marchands paiera annuellement au receveur dudit chapitre la somme de 300 francs barrois pour toutes choses ; à l'effet de quoi mesdits sieurs les chanoines n'entreront en aucuns frais que le corps des marchands sera obligé de faire pour soutenir les procès qu'ils ont ou pourront avoir....

» L'élection du premier juge consul se fera tous les

trois ans, en plein chapitre, où le premier juge consul sortant de charge présentera la lettre du roi ou du ministre[1], dont lecture ayant été faite, on procèdera à l'élection. Le président du chapitre recevra les suffrages en secret, et le premier juge consul sortant de charge sera invité à pendre place avec Messieurs les chanoines.

» Le nouveau premier juge consul sera nommé après qu'il aura été déclaré que le plus grand nombre des suffrages est en sa faveur.

» Comme il est d'usage, pour maintenir le bon ordre chez tous les marchands, de faire une visite ou deux par année des poids et mesures, laquelle visite se fait par Messieurs les juges consuls, Messieurs les chanoines pourront, si bon leur semble, envoyer deux députés du chapitre, chanoines, pour y assister ; et, au cas qu'il conviendrait d'aller dans les villes de la province pour faire ladite visite des poids et mesures, le tout se fera à frais communs, au cas que Messieurs du chapitre nommeraient des députés chanoines pour assister auxdites visites.

» Le surlendemain de la Saint-Michel, après la messe des morts, les six cierges qui seront sur le maître-autel, qui auront servi les jours de la fête et ledit jour lendemain, resteront et appartiendront à la fabrique de l'église Primatiale, et tous les autres retourneront au profit du corps des marchands, au cas qu'il y en aurait davantage. »

La confrérie continua, sans doute, à subsister jusqu'à l'époque de la Révolution ; supprimée alors, elle ne se rétablit que bien longtemps après (1835) dans l'église Saint-Sébastien, d'où elle fut transférée ensuite (1846) à la Cathédrale. Sur la fin de 1850, elle reçut une nou-

---

1. Conformément à l'édit de novembre 1715.

velle organisation : on décida que, le dimanche après le 29 septembre, jour de la Saint-Michel, la messe patronale serait célébrée solennellement, et qu'il y aurait, le lendemain, une messe de *requiem* pour les commerçants défunts. Il fut statué, de plus, qu'à la messe patronale, une quête serait faite au profit de la Maison des Apprentis, aujourd'hui établissement modèle, l'une des nombreuses institutions de bienfaisance que la ville de Nancy est fière, à juste titre, de posséder.

Extrait des MÉMOIRES DE LA SOCIÉTÉ D'ARCHÉOLOGIE LORRAINE.

NANCY, IMPRIMERIE DE A. LEPAGE, GRANDE-RUE, 14.